Gute Wünsche zum Geburtstag

BRUNNEN VERLAG GIESSEN

*E*in herzlicher Gruß
zum Geburtstag

*P*flücke den Tag
und gehe behutsam mit ihm um.
Es ist dein Tag,
24 Stunden lang.
Zeit genug, ihn zu einem
wertvollen Tag werden zu lassen,
darum laß ihn nicht
schon in den Morgenstunden
verwelken.
Margot Bickel

Alte Stunden, alte Tage
läßt du zögernd nur zurück.
Wohlvertraut wie alte Kleider
sind sie dir durch Leid und Glück.

Neue Stunden, neue Tage -
zögernd nur steigst du hinein.
Wird die neue Zeit dir passen?
Ist sie dir zu groß, zu klein?

Gute Wünsche, gute Worte
wollen dir Begleiter sein.
Doch die besten Wünsche münden
alle in den einen ein:

Geh unter der Gnade,
geh mit Gottes Segen,
geh in seinem Frieden,
was auch immer du tust.
Geh unter der Gnade,
hör auf Gottes Worte,
bleib in seiner Nähe,
ob du wachst oder ruhst.
Manfred Siebald

Möge dein Weg
dir freundlich entgegenkommen,
Wind dir den Rücken stärken,
Sonnenschein deinem Gesicht
viel Glanz und Wärme geben.
Der Regen möge
deine Felder tränken,
und bis wir beide,
du und ich,
uns wiedersehen,
halte Gott schützend
dich in seiner Hand.

Aus Irland

*V*oller Neugier
in den Tag gehen,
aufgeregt
wie ein Kind
hinter Türen blicken,
durch Zaunlöcher spähen,
erwartungsvoll
nach Verborgenem suchen,
mit Spannung entdecken,
was Du
Dir ausgedacht hast
für mich.
Kerstin Graff

Das ist ein köstlich Ding,
dem Herrn danken
und lobsingen deinem Namen,
du Höchster.
Herr, wie sind deine Werke so groß!
Deine Gedanken sind sehr tief.

Die gepflanzt sind im Hause des Herrn,
werden in den Vorhöfen
unseres Gottes grünen.
Und wenn sie auch alt werden,
werden sie dennoch blühen,
fruchtbar und frisch sein,
daß sie verkündigen,
wie der Herr es recht macht.

Aus Psalm 92

*L*obe den Herren,
der sichtbar dein Leben gesegnet,
der aus dem Himmel
mit Strömen der Liebe geregnet!
Denke daran, was der Allmächtige kann,
der dir mit Liebe begegnet!

Joachim Neander

Wir brauchen sehende Augen
für die kleinen Dinge
am Rande des Weges.
Ich freue mich
über den Perlmuttglanz
im Innern einer Muschel.
Ich staune
über die feinen Windungen
eines Schneckenhauses.
Es sind Zeichen
deiner Fürsorge,
die allen deinen
Geschöpfen gilt.

Herr, ich brauche
sehende Augen
für die Zeichen
deiner Liebe
im Alltag.
Manchmal
bin ich überrascht
über eine freundliche Führung,
über ein ermutigendes Wort,
über ein gnädiges Bewahren.
Wie oft gehe ich
aus Unachtsamkeit
einfach darüber hinweg.
Vergib, wo ich blind war
für die vielen kleinen Zeichen
deiner Liebe.
Klaus Murzin

Jeder Morgen,
der heraufzieht,
jeder Tag,
der anbricht,
trägt das Besondere in sich;
denn kein Tag
kann ganz gewöhnlich sein,
an dessen Anfang
etwas Außergewöhnliches steht -
Gottes Liebe.
Kerstin Graff

*D*urch Gottes Güte
sind wir noch am Leben,
denn seine Liebe hört niemals auf.
Jeden Morgen ist sie neu wieder
da, und seine Treue ist unfaßbar
groß. Der Herr ist mein Ein und
Alles; darum setze ich meine
Hoffnung auf ihn.

Klagelieder 3, 22-24

Verlag:
© der englischen Originalausgabe:
1992 Lion Publishing, Oxford

Illustrationen:
© Bridget Andrews

© der deutschen Ausgabe:
1992 Brunnen Verlag Gießen
Redaktion: Eva-Maria Busch

Texte:
S. 4: Margot Bickel/Hermann Steigert, Pflücke den Tag, Herder Verlag Freiburg 1981
S. 6: Rechte: Hänssler-Verlag, Neuhausen-Stuttgart
S. 9, 14: Kerstin Graff, mit freundlicher Genehmigung
S. 13: Klaus Murzin, Wie Sand am Ufer, Brunnen Verlag Gießen

ISBN 3-7655-5391-3